Tiburon

Serie "Datos curiosos sobre los animales acuáticos para niños"

Escrito por Michelle Hawkins

Tiburón

Serie " Datos curiosos sobre los animales acuáticos para niños "

Por: Michelle Hawkins

Versión 1.1 ~Julio 2021

Publicado por Michelle Hawkins en KDP

Toda la información contenida en este libro se ha investigado cuidadosamente y se ha comprobado su exactitud. Sin embargo, el autor y el editor no garantizan, expresa o implícitamente, que la información contenida en este libro sea apropiada para cada individuo, situación o propósito y no asumen ninguna responsabilidad por errores u omisiones.

El lector asume el riesgo y la plena responsabilidad de todas sus acciones. El autor no será responsable de ninguna pérdida o daño, ya sea consecuente, incidental, especial o de otro tipo, que pueda resultar de la información presentada en este libro.

Todas las imágenes son de uso gratuito o han sido adquiridas en sitios de fotografías de stock o libres de derechos para su uso comercial. Para la elaboración de este libro me he basado en mis propias observaciones y en muchas fuentes diferentes, y he hecho todo lo posible por comprobar los hechos y dar el crédito que corresponde. Si se utiliza algún material sin la debida autorización, le ruego que se ponga en contacto conmigo para corregir el error.

Los tiburones no tienen huesos en su cuerpo, sólo tejido cartilaginoso.

Los tiburones sólo son capaces de nadar hacia delante.

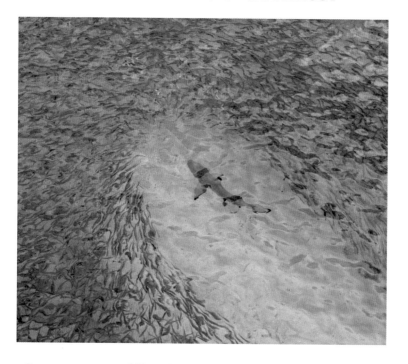

Las mandíbulas más poderosas de cualquier animal del mundo pertenecen a los tiburones.

Un tiburón boca abajo estará en un trance llamado inmovilidad tónica.

Cuanto más grande sea el tiburón, más tiempo vivirá.

La piel de tiburón es buena para ayudar a pulir la madera.

Un tiburón tiene cuatro tipos diferentes de dientes; densos aplanados, en forma de aguja, superiores pintorescos con superiores triangulares, y no funcionales.

Las heridas de los tiburones se curan muy rápidamente.

Los tiburones viven en el
océano.

Los ojos de un tiburón están en
el lado de su cabeza para que
puedan ver más lejos.

El tiburón más amenazado es la
tintorera.

Hay trece tipos diferentes de tiburones; ocho de ellos siguen existiendo.

El gran tiburón blanco come once toneladas de comida al año.

Los tiburones nacen con un juego completo de dientes.

Los tiburones tigre son muy solitarios y sólo están activos por la noche.

Los tiburones tienen el mayor cerebro de todos los peces.

Los tiburones están emparentados con las rayas.

El esqueleto del tiburón es cartilaginoso.

Los tiburones pueden oír hasta 3.000 pies.

Los tiburones pueden percibir la carga eléctrica (ampolla de Lorenzini) de cualquier animal cercano.

Las escamas son lisas y se mueven rápidamente por el agua.

El gran tiburón blanco puede saltar hasta tres metros en el aire.

El tiburón toro tiene 50 filas de dientes.

La cabeza del tiburón martillo parece un martillo.

Los tiburones no son territoriales.

El tiburón medio nada a ocho kilómetros por hora.

Los tiburones tienen branquias a los lados de la cabeza.

Los tiburones tienen un gran sentido del oído.

Los cinco tipos de aletas de los tiburones son la aleta anal, la aleta caudal, la aleta dorsal, la aleta pectoral y la aleta pélvica.

Hay más de 450 subespecies de tiburones.

Cuanto más profundo sea el agua en la que vive el tiburón, más claros serán sus ojos.

En Fiyi y las Islas Salomón, es ilegal comer tiburones.

Los tiburones tienen párpados.

El hígado graso de los tiburones es lo que les ayuda a mantener el equilibrio en el agua.

Un tiburón ballena puede tener 300 crías a la vez.

Las manchas de un tiburón son como una huella dactilar humana, únicas.

Los grandes tiburones cazan en la superficie y en medio del agua.

Las diferentes razas de tiburones dependerán de si ponen huevos o hacen un parto en vivo.

La piel de un tiburón es áspera como el papel de lija.

Los tiburones ven mejor en aguas oscuras.

Los humanos tienen más probabilidades de morir por una picadura de abeja que por una mordedura de tiburón.

La piel de los tiburones puede tener hasta 15 centímetros de grosor.

Los tiburones rara vez duermen debido a que siempre tienen que empujar el agua sobre sus branquias.

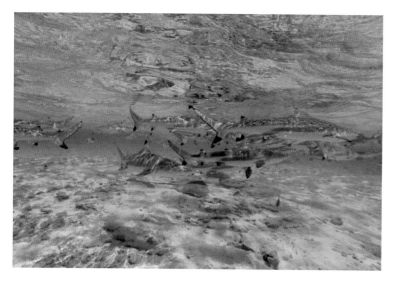

Los dientes de tiburón son resistentes a las caries porque están cubiertos de flúor.

El pez más grande del mundo es el tiburón ballena.

Los tiburones tienen un tercer ojo que se encuentra bajo la piel, en medio de la frente.

Los tiburones pueden vivir hasta 150 años.

Los tiburones pertenecen a la familia del Superorden Selachimrpha.

Un tiburón con branquias está preñado durante 3,5 años.

Los dientes de un tiburón se reemplazan constantemente.

Los tiburones sólo comen otros peces.

Los tiburones tienen siete filas de dientes y hasta 45 dientes a la vez.

Los tiburones se consideran muy quisquillosos para comer.

El sentido del olfato de los tiburones es 10.000 veces mejor que el de los humanos.

Los tiburones pequeños se encuentran cazando en el fondo del océano.

Las aletas de los tiburones se utilizan para mantener el equilibrio.

Los tiburones existen desde hace tanto tiempo como los dinosaurios.

Los tiburones no hacen ningún ruido; por eso se les llama el asesino silencioso.

Las aletas de un tiburón no están unidas a su cabeza.

Se puede saber la edad de un tiburón por los anillos de sus vértebras.

Los tiburones no son daltónicos.

Los tiburones tienen más de 30.000 dientes a lo largo de su vida.

Cuanto más viva el tiburón en la superficie del agua, más oscuro será el color de sus ojos.

Los tiburones linterna brillarán en la oscuridad.

Los tiburones se encuentran en todos los océanos del mundo.

Los ojos de un tiburón son similares a los de los gatos.

El tiburón ballena y el tiburón cazón pueden vivir hasta 100 años.

El tiburón más pequeño es el tiburón linterna enano, con 15 centímetros de longitud.

Los tiburones se aparean mordiéndose unos a otros.

Un tiburón hembra es más grande que un tiburón macho.

El tiburón más grande jamás registrado medía 53 pies de largo y tenía una boca de seis pies.

El tiburón más perezoso es el tiburón nodriza.

Las crías de tiburón se llaman cachorros.

La vida media de un tiburón es de 20 a 30 años.

El tipo de tiburón más antiguo que aún existe es el tiburón duende.

El 66% del cerebro de los tiburones se utiliza para el olfato.

Los tiburones toro se encuentran tanto en agua dulce como en agua salada.

Los tiburones pueden mover tanto su mandíbula superior como la inferior.

El tiburón más inteligente es el tiburón cabeza de martillo.

El tiburón más grande es el tiburón ballena, con más de 55 pies.

Las orejas de un tiburón están en el interior de su cabeza.

Un tiburón tarda veinte años en ser considerado adulto.

De media, cinco personas mueren al año por un ataque de tiburón.

Los tiburones se comunican a través del lenguaje corporal.

Los tiburones se llamaban originalmente perros de mar.

Encuéntrame en Amazon en:

https://amzn.to/3oqoXoG

y en Facebook en:

https://bit.ly/3ovFJ5V

Otros libros de Michelle Hawkins

Serie

Datos curiosos sobre aves para niños.

Datos curiosos sobre frutas y verduras

Datos curiosos sobre animales pequeños

Datos curiosos sobre perros para niños.

Datos curiosos sobre dátiles para niños.

Datos curiosos sobre los animales del zoo para niños

Datos curiosos sobre los animales de la granja para niños

Datos curiosos sobre animales del mar para niños.

Made in the USA
Monee, IL
10 April 2024

56767256R00021